LES
FORTIFICATIONS
DE PARIS

VAUBAN

ET LE GOUVERNEMENT PARLEMENTAIRE

PAR

GEORGES PICOT

Extrait de la *Revue des Deux-Mondes* du 15 octobre.

PARIS

LIBRAIRIE GÉNÉRALE

72, boulevard Haussmann, et rue du Havre.

Octobre 1870

LES

FORTIFICATIONS DE PARIS

ESSAI D'HISTOIRE CONTEMPORAINE

Si Paris n'était pas fortifié, les bataillons de l'armée allemande défileraient aujourd'hui avec arrogance sur nos boulevards au milieu d'une population muette et consternée. L'âme déchirée, nul de nous ne pourrait échapper aux éclats retentissants des fanfares prussiennes ; on se raconterait à voix basse que vers les extrémités de la ville des hommes de cœur surexcités par le désespoir ont lutté avec rage contre les premières troupes de l'avant-garde ; il se trouverait des gens pour blâmer cette conduite, pour répéter qu'une ville ouverte doit gémir en silence, subir sans se plaindre les plus durs traitements, faire plier ses révoltes devant son impuissance, et que, seule entre toutes les forces vives d'un pays, lorsque le sol est envahi, elle est privée du droit de se défendre. C'est alors que les humiliations de Sedan eussent dépassé tout ce que racontent nos annales. Ce n'eût point été assez de nos armées anéanties, de masses étrangères dévastant nos plus riches provinces ; la capitulation du 2 septembre eût donné Paris aux troupes victorieuses du roi Guillaume, et si la France, affolée de douleur, avait voulu prolonger une lutte peut-être sans espérance, il aurait fallu demander aux provinces du centre, devenues comme sous Charles VII notre dernier refuge, de continuer la guerre au prix d'un suprême effort.

Mais Dieu n'a pas voulu que nous fussions jetés dans cet abîme de maux. Il y a trente ans, tandis que la France se livrait aux travaux de la paix, des patriotes éclairés se sont trouvés qui, pressentant en quelque sorte l'avenir, ont su mettre Paris à l'abri d'un coup de main en l'entourant de la double cuirasse qui fait aujourd'hui notre force, et fera sans doute notre salut. Que d'atermoiements et d'obstacles eut cependant à subir cette œuvre éminemment nationale dont chacun à cette heure sent si bien le prix! Maintenant que les premiers coups de canon ont retenti sous Paris, peut-être se reportera-t-on avec quelque intérêt à cette époque où s'agitait une question devenue, par suite de nos derniers revers, une question de vie ou de mort.

I.

Il n'entre pas dans les limites de cette étude de rappeler les siéges que Paris a vaillamment supportés. A partir de l'entrée d'Henri IV, les fortifications de Paris, détruites sur plusieurs points, cessèrent d'être entretenues. Au milieu du XVIIe siècle, les fossés étaient presque comblés, et l'enceinte ne présentait plus une suite continue. Il n'est pas difficile d'expliquer comment l'indifférence publique laissait s'écrouler ainsi les ouvrages qui avaient si longtemps défendu la ville. Le siége soutenu contre le chef de la maison de Bourbon rappelait les plus mauvaises passions de la ligue. Dans la mémoire des Parisiens, la tyrannie des Seize était d'autant plus odieuse que les souvenirs du règne d'Henri IV étaient plus populaires. Les remparts de Paris paraissaient comme déshonorés par la prolongation d'une lutte qui avait retardé l'avénement du bon roi Henri. Ce qu'on avait de mieux à faire était d'abandonner à elles-mêmes ces vieilles murailles, qui rappelaient moins à la France monarchique le patriotisme que la rébellion.

Les traces des discordes civiles s'effacèrent dans la seconde moitié du xviie siècle, et les triomphes du petit-fils d'Henri IV portèrent au delà des limites de notre territoire agrandi l'attention de la France émerveillée. Il ne semble pas que la situation de Paris ait dû alarmer personne au milieu des gloires du règne de Louis XIV, et pourtant c'est avant les revers, à l'époque où la guerre était éloignée de nos frontières, que le génie de Vauban conçut le projet de fortifier Paris. Dans tous les siècles, on trouve des hommes dignes d'attirer l'admiration de la postérité ; mais il en est peu dont le nom mérite plus de respect que celui du grand homme de guerre qui, dans l'ordre si varié de ses connaissances, a su se placer au premier rang, soit que son intelligence se portât sur les vices de l'administration, soit qu'elle signalât les fautes de la politique. Sa hardiesse égalait son génie, et la sûreté de son jugement ne laissait jamais s'égarer une imagination qui ne se fatiguait pas de concevoir. Il l'a lui-même avoué en appelant *oisivetés* ses ouvrages, fruit du travail d'esprit le plus actif. Parmi les mémoires qu'il a successivement écrits, et que sa réserve trop modeste et défiante l'a empêché de mettre au jour, figure une note intitulée *de l'Importance dont Paris est à la France et du soin que l'on doit prendre de sa conservation*. C'est dans cet opuscule qu'il faut chercher évidemment l'idée première du plan de fortifications qu'un gouvernement bien inspiré devait exécuter après plus d'un siècle, et, à ce titre, nous n'hésitons pas à mettre sous les yeux du lecteur la plus grande partie de ce projet si digne en tout temps, mais surtout en ce moment, de fixer l'attention. Rien d'ailleurs de plus propre à fortifier nos courages, rien de plus propre à nous inspirer la pleine confiance dont nous avons besoin dans ces heures d'épreuves que la parole d'un tel homme nous affirmant que Paris fortifié comme il doit l'être, comme il l'est, c'est Paris imprenable, et que Paris imprenable, c'est la France sauvée.

« Paris, dit le maréchal de Vauban, c'est le vrai cœur du royaume, la mère commune des Français et l'abrégé de la France, par qui tous les peuples de ce grand état subsistent, et de qui le royaume ne saurait se passer sans déchoir considérablement de sa grandeur... Comme elle est fort riche, son peuple encore plus nombreux, naturellement bon et affectionné à ses rois, il est à présumer que, tant qu'elle subsistera dans la splendeur où elle est, il n'arrivera rien de si fâcheux au royaume dont il ne se puisse relever par les puissants secours qu'elle peut lui donner : considération très-juste et qui fait que l'on ne peut trop avoir d'égards pour elle, ni trop prendre de précautions pour la conserver, d'autant plus que si l'ennemi avait forcé nos frontières, battu et dissipé nos armées, et enfin pénétré le dedans du royaume, ce qui est très-difficile, je l'avoue, mais non pas impossible, il ne faut pas douter qu'il ne fît tous les efforts pour se rendre maître de cette capitale, ou du moins la ruiner de fond en comble, ce qui serait peut-être moins difficile présentement (que partie de sa clôture est rompue et ses fossés comblés) qu'il n'a jamais été, joint à l'usage des bombes, qui s'est rendu si familier et si terrible dans ces derniers temps, que l'on peut le considérer comme un moyen très-sûr pour la réduire à tout ce que l'ennemi voudra avec une armée assez médiocre, toutes les fois qu'il ne sera question que de se mettre à portée de la bombarder. Or il est très-visible que ce malheur serait un des plus grands qui pût jamais arriver à ce royaume, et que, quelque chose que l'on pût faire pour le rétablir, il ne s'en relèverait de longtemps et peut-être jamais. C'est pourquoi il serait, à mon avis, de la prudence du roi d'y pourvoir de bonne heure et de prendre les précautions qui pourraient la mettre à couvert d'une si épouvantable chute. J'avoue que le zèle de la patrie et la forte inclination que j'ai eue toute ma vie pour le service du roi et le bien de l'État m'y ont fait souvent songer ; mais il ne m'a point paru de jour propre à faire de pareilles ouvertures par le grand nombre d'ouvrages plus pressés qui ont occupé le roi, tant sur la frontière, qui a toujours remué depuis vingt-deux ans en çà, que par les bâtiments royaux qu'il a fait faire et par le peu de dispositions où il m'a paru que l'esprit de son conseil était pour une entreprise de cette nature, qui sans doute aurait semblé à plusieurs contraire au repos de l'État et à tous d'une très-longue et difficile exécution...

» Cependant, cette pensée, qui, dans le commencement, ne m'a passé que fort légèrement dans l'esprit, s'y est présentée si souvent qu'à la fin elle y a fait impression et m'a paru digne d'une très-sérieuse attention ; mais n'osant la proposer à cause de sa nouveauté, j'ai cru du moins la devoir écrire, espérant qu'il se trouvera un jour quelque personne autorisée qui, lisant ce mémoire, y pourra faire réflexion, et que, poussé par la tendresse naturelle que tout homme de bien doit avoir pour sa patrie, il en parlera et peut-être en proposera-t-il l'exécution, qui, bien que difficile et de grande dépense, ne serait nullement impossible, étant bien conduite.

» Venons au fait : 1° réparer les défectuosités de ce qui reste de sa vieille enceinte et achever sa réforme telle qu'elle a été réglée en dernier lieu, revêtir ce qui n'est pas encore revêtu et élever tout son revêtement de 36 à 40 pieds au-dessus du fond des fossés, la faire flanquer simplement par les vieux bastions et grosses tours telles qu'elles se trouveront sur pied, sinon en faire de nouvelles aux endroits où il en manquera, et les espacer de 120 toises l'une de l'autre ; 2° bien et proprement terrasser ladite enceinte, la rendre capable de porter un parapet à épreuve du canon et environner le tout d'un fossé de 10 à 12 toises de large, profond de 18 à 20 pieds réduits avec ses bords, revêtu, s'il est possible ; plus la prolonger de part et d'autre en travers de la Seine, au-dessus et au-dessous de Paris, y bâtissant autant d'arches qu'il en sera nécessaire au passage des eaux ; faire des ponts sur le derrière et des bâtiments sur le devant de ces mêmes arches pour y mettre à couvert les herses avec les tours servant à leur levée, observant du surplus de raser tous les bâtiments des faubourgs qui approcheront plus près de 20 à 30 toises de cette enceinte.

» Cette première enceinte étant mise en sa perfection, en faire une seconde à la très-grande portée du canon de la première, c'est-à-dire à 1,000 ou 1,200 toises de distance, occupant toutes les hauteurs convenables, ou qui peuvent avoir commandement sur la ville, comme celles de Belleville, de Montmartre, Chaillot, faubourg Saint-Jacques, Saint-Victor et tous les autres qui pourraient lui convenir. -

» Bastionner ladite enceinte ou l'armer de tours bastionnées, la très-bien revêtir et terrasser, et lui faire son fossé de 18 à 20 pieds de profondeur sur 10 à 12 toises de largeur, revêtu de maçonnerie.

» Prolonger ladite enceinte et la continuer en travers de la rivière comme la première, afin d'éviter le défaut par lequel Cyrus prit Babylone. »

Après avoir fait des calculs sur les approvisionnements nécessaires à la consommation de Paris pendant une année, en raisonnant sur une population de 800,000 âmes, Vauban reprend le cours de ses prévisions militaires et politiques, les seules qui sollicitent en ce moment notre attention :

« Cela une fois établi, dit-il, et la place munie de 1,800,000 à 2 millions de poudre, de 400 pièces de canon, de 60,000 à 80,000 mousquets et fusils dans les magasins et d'autres armes à proportion, outre celles que les particuliers auraient chez eux, si, dans un temps que toute la terre serait liguée contre vous, il arrivait que la frontière fût forcée et la ville en péril d'être assiégée, quelque malheur qui pût arriver à nos armées et au surplus du royaume, il est probable qu'elle ne serait jamais tellement défaite que le roi ne fût toujours en état de retirer 25,000 à 30,000 hommes dans l'entre-deux des enceintes, auxquels Paris en pourrait joindre 8,000 à 10,000 d'assez bonnes levées dans l'enclos de ses murailles, sans toucher à la garde ordinaire des bourgeois, qui ne laisserait pas d'aller son train; moyennant quoi, j'estime qu'il n'y a pas dans la chrétienté d'armée, quelque puissante et formidable qu'elle pût être, qui osât entreprendre de bombarder Paris, et encore moins de l'assiéger dans les formes, vu : 1° qu'il ne lui serait pas possible de l'approcher d'assez près pour pouvoir tirer des bombes jusque dans l'enclos de la ville, à cause de la deuxième enceinte, qui les tiendrait éloignés à trois grands quarts de lieue de la première ;

» 2° Qu'il ne serait pas possible à une armée de 200,000 hommes de la prendre par un siége forcé à cause de l'étendue de sa circonvallation, qui, ayant 12 à 13 grandes lieues de circuit, l'obligerait d'étendre fort ses quartiers, qui en seraient par conséquent affaiblis, et à se garder partout également, sous peine d'en voir enlever tous les jours quelqu'un ;

» 3° Qu'il ne pourrait entreprendre deux attaques séparées, puisque, pour pouvoir fournir à la garde des tranchées, il faudrait employer plus de 30,000 hommes, sans compter les travailleurs et gens occupés aux batteries ;

» 4° Qu'on ne pourrait point le faire par deux attaques liées, attendu que, pour pouvoir fournir à la même garde, il y aurait tels quartiers qui auraient trois journées de marche à faire et autant pour s'en retourner, ce qui les mettrait dans un mouvement perpétuel qui ne leur laisserait aucun repos ;

» 5° Que dès le douze ou quinzième jour de tranchée, pour peu qu'il y eût eu d'occasions, leurs forces seraient considérablement diminuées et leurs troupes obligées de monter de trois à quatre jours l'un, auquel cas elles ne pourraient pas relever à cause de l'éloignement des quartiers ; à quoi il faut ajouter que les fréquentes sorties, grandes et petites, qui se feraient à toute heure par de si grandes troupes, le grand feu qui sortirait des remparts et chemins couverts et la grande quantité de canons dont elle pourrait se servir empêcheraient les travailleurs de faire chemin, et réduiraient ce siége à une lenteur qui, ayant bientôt épuisé leurs armées d'hommes et de munitions, les contraindrait à lever honteusement le siége....

» En voilà assez pour faire concevoir l'idée qu'on doit avoir de la grandeur et conséquence de Paris par rapport à la guerre; c'est à ceux qui aimeront véritablement le roi et l'Etat, et qui se trouveront en situation convenable pour le pouvoir proposer, d'examiner à fond cette proposition (1). »

Ainsi Vauban voulait la construction de deux enceintes continues mettant la capitale à l'abri du bombardement et donnant à Paris le temps de sauver la France. Malheureusement la *nouveauté* de ce projet lui fit craindre de le proposer. Combien il dut regretter sa réserve quand, dix-sept ans plus tard, la désastreuse campagne de 1706 fit croire un instant que Paris allait se trouver sans défense! Ces alarmes ne déterminèrent pas Louis XIV vieilli à fortifier la capitale.

« Pendant tout le xviiie siècle, la guerre de la succession d'Autriche, la guerre de Sept ans, guerres mal conçues, mal conduites, mais où nous étions coalisés avec presque toute l'Europe, tantôt contre Marie-Thérèse, tantôt contre Frédéric le Grand, ne pouvaient guère nous inspirer d'inquiétudes pour la capitale. La guerre d'Amérique, plus heureuse que les précédentes et d'ailleurs toute maritime, était moins propre encore à fixer nos regards sur l'intérieur du royaume; mais dès que la révolution de 89, nous plaçant en contradiction avec l'Europe entière, fit naître à la fois une guerre de principe et de conquête, on songea à fortifier Paris; on y songea, comme toujours, mal et trop tard. On éleva quelques retranchements en terre; mais l'insuffisance de ces ouvrages pour rassurer la capitale faillit amener de grands malheurs.

» L'armée française avait pris une forte position sur la frontière du nord. Elle fut tournée par les Prussiens. Le général Dumouriez, qui la commandait, ne s'en alarma point et voulut tenir dans cette position, certain que les Prussiens n'oseraient pas marcher sur Paris

---

(1) *Oisivetés de Vauban*, t. I, p. 44. Ce mémoire a dû être écrit vers 1689. Cette date résulte des recherches auxquelles s'est livré M. Thiers et dont il a rendu compte à la chambre lorsque les adversaires de la loi soutenaient que Vauban était en enfance quand il avait projeté de fortifier Paris. *Moniteur* du 27 janvier 1841.

sans avoir battu l'armée française. Il suffisait donc de ne pas s'émouvoir et de tenir ferme où l'on était; mais Paris était découvert, Paris était dans les alarmes, et l'on donna au général français l'ordre de quitter sa position. Il n'en fit rien heureusement, car il eût perdu son armée et n'aurait point sauvé la capitale. Si Paris eût été fortifié, cet ordre, qui pouvait être fatal, n'aurait jamais été donné. Bientôt la révolution fut victorieuse, et l'on ne songea plus à fortifier Paris (1). »

Néanmoins Napoléon, au faîte de la gloire, conçut cette pensée. Des études ordonnées par lui permettent d'assigner la date exacte de ces projets; c'est le vainqueur d'Austerlitz qui les prescrivit en rentrant en triomphateur dans Paris. La prise de Vienne sans défense sérieuse avait profondément frappé l'empereur. « Dans les deux derniers siècles, dit M. Thiers (2), on avait soutenu des guerres considérables, gagné, perdu de mémorables batailles; mais on n'avait pas encore vu un général victorieux planter ses drapeaux dans les capitales des grands États. Il fallait remonter au temps des conquérants pour trouver des exemples de résultats aussi vastes. » C'est l'âme pleine de ce souvenir, rapproché de la capitulation de Paris, que Napoléon dictait à Sainte-Hélène une page qu'il faut transcrire :

« En 1814, dit-il, c'était sous Paris et sous Lyon que devait se décider le destin de l'empire. Ces deux grandes villes avaient été jadis fortifiées, ainsi que toutes les capitales de l'Europe, et, comme elles, elles avaient depuis cessé de l'être... Cependant, si en 1805 Vienne eût été fortifiée, la bataille d'Ulm n'eût pas décidé de l'issue de la guerre; le corps d'armée que commandait le général Kutusow y aurait attendu les autres corps de l'armée russe, déjà arrivés à Olmutz, et l'armée du prince Charles arrivant d'Italie. En 1809, le prince Charles, qui avait été battu à Eckmühl et obligé de faire sa retraite par la rive gauche du Danube, aurait eu le temps d'arriver à Vienne et de s'y réunir avec le corps du général Keller et l'armée de l'archiduc Jean.

» Si Berlin avait été fortifiée en 1806, l'armée battue à Iéna s'y fût ralliée, et l'armée russe l'y eût rejointe.

» Si Paris eût été encore une place forte en 1814 et en 1815, capable de résister seulement huit jours, quelle influence cela n'aurait-il pas eue sur les événements du monde !

» Une grande capitale est la patrie de l'élite de la nation ; tous les grands y ont leur domicile, leurs familles ; c'est le centre de l'opinion, le dépôt de tout. C'est la plus grande des contradictions et des inconséquences que de laisser un point aussi important sans défense immédiate.

» Comment, dira-t-on, vous prétendez fortifier des villes qui ont 12 à 15,000 toises de pourtour ? Il vous faudra 80 ou 100 fronts, 50 ou 60,000 soldats de garnison, 800 ou 1,000 pièces d'artillerie en batterie ; mais 60,000 soldats sont une armée, ne vaut-il pas mieux l'employer en ligne ? Cette objection est faite en général contre les grandes places fortes, mais elle est fausse en ce qu'elle confond un soldat avec un homme. Sans doute il faut pour défendre une grande capitale 50 à 60,000 hommes, mais non 50 à 60,000 soldats. Aux époques de malheurs et de grandes calamités, les États peuvent manquer de soldats, mais ne manquent jamais d'hommes pour leur défense intérieure ; 50,000 hommes, dont 2 à 3,000 canonniers, défendront une capitale, en interdiront l'entrée à une armée de 3 à 400,000 hommes, tandis que ces 50,000 hommes, s'ils ne sont pas des soldats faits et commandés par des chefs expérimentés, sont mis en désordre par une charge de 3,000 hommes de cavalerie.

» Au retour de sa campagne d'Austerlitz, l'empereur s'entretint souvent et fit rédiger plusieurs projets pour fortifier les hauteurs de Paris. La crainte d'inquiéter les habitants, les événements qui se succédèrent avec une incroyable rapidité, l'empêchèrent de donner suite à ce projet (1). »

Lorsqu'il y pensa de nouveau en 1814, il était trop tard, et l'absence de fortifications rendit stériles tous les efforts qu'il fit dans ces plaines de Champagne, théâtre de sa lutte désespérée contre la fortune. Pour toute âme patriotique, la campagne de France était la plus complète démonstration de l'urgence de fortifier Paris. En 1818, convaincu de cette nécessité, le maréchal Gouvion Saint-Cyr, après avoir donné à la France la loi militaire qui a mérité de porter son nom, proposa de relever les remparts de la capitale. L'illustre

---

(1) *Commentaires de Napoléon Ier*, Paris, 1867, in-4°, t. V. p. 104-106.

maréchal était digne de reprendre la pensée de Vauban. Il institua une grande commission chargée d'étudier la défense du territoire et d'examiner la nature des ouvrages qui seraient propres à couvrir Paris. Dès la première séance, le général Marescot, qui présidait cette commission, annonçait, au nom du maréchal, que *la défense particulière de Paris était la question principale et la base du système à établir.* Dans sa séance du 18 juillet 1820, la commission reconnut à une grande majorité la nécessité de mettre Paris en état de défense. On admit un système mixte : des forts détachés seraient établis sur les points dominants, et le mur d'enceinte devait être renforcé par divers ouvrages.

Déposé en 1822, le rapport de la commission fut l'objet des méditations de M. de Clermont-Tonnerre, qui était alors ministre de la guerre ; il n'hésita pas à proposer l'exécution de quelques travaux, mais le mauvais accueil fait par le conseil du roi au projet de fortifier Lyon le découragea, et la Restauration s'acheva sans que cette entreprise eût été commencée.

Les avertissements n'avaient pourtant pas manqué. A côté des projets du sage Gouvion Saint-Cyr, jusque dans le sein de la famille royale, Louis XVIII avait trouvé les mêmes arlarmes et entendu des conseils analogues. Le duc d'Orléans, associé dès sa jeunesse aux vaillants efforts de la France, n'avait jamais perdu la mémoire de l'audacieuse campagne terminée par Valmy et Jemmapes. Sa pensée se reportait souvent vers les terribles émotions qui avaient précédé ces victoires ; rarement il en parlait sans insister sur la nécessité de fortifier Paris.

Un des confidents les plus autorisés de la pensée intime du roi Louis-Philippe nous a fait connaître une des conversations du prince peu après la révolution de juillet. « Que de fois, disait-il à M. de Montalivet, que de fois en 1792, dans les plaines de Champagne et de Belgique, le lendemain même des combats qui nous consolaient par la victoire des douloureuses nouvelles de Paris, j'ai songé avec amertume qu'une bataille malheureuse amènerait bientôt sous ses murailles les armées étrangères, qui les trouveraient sans défense ! En 1814, j'insistai près de Louis XVIII en lui démontrant qu'après la constitution qu'il venait de donner au pays il ne pouvait rien faire de plus national et de plus populaire que de rendre le cœur de la France invulnérable en plaçant Paris sous la protection d'une enceinte d'ouvrages défensifs. En 1817, je renouvelai mes instances avec plus de succès : le maréchal de Gouvion Saint-Cyr, après avoir rendu une armée à la France, aurait sans doute créé la défense de Paris, si son ministère n'eût été de si courte durée. Depuis j'en ai parlé en vain jusqu'en 1830. Aujourd'hui que je suis devenu par la royauté le premier défenseur de l'indépendance nationale, je fais appel à tous les citoyens de bonne volonté pour m'aider à lui donner cette garantie puissante (1). »

Tel était le langage viril qu'entendaient tour à tour les ministres, les députés et tous ceux à qui, au Palais-Royal et plus tard aux Tuileries, Louis-Philippe se plaisait à communiquer sa pensée. Parmi les témoins de ces conversations brillantes, bien peu se sentaient portés à devenir les défenseurs d'un projet que la plupart considéraient comme une ruineuse chimère; mais le roi n'était pas disposé à se décourager. Il était résolu à y mettre cette obstination patriotique qui ne s'arrêtait devant aucun obstacle quand le devoir lui semblait évident. La paix était la pensée principale de son règne; les fortifications devaient être, selon lui, un des meilleurs instruments de cette politique en assurant la sécurité et la dignité de la France.

Dès le mois de novembre 1830, le comité des fortifications fut consulté; il donna un avis favorable, et le 9 décembre le maréchal Soult annonçait la résolution du gouvernement d'élever des fortifications pour la défense de Paris par une série de dépêches adressées à M. de Montalivet, ministre de l'intérieur, au préfet de la Seine, M. Odilon Barrot, et au général de Valazé, chargé de la direction supérieure des travaux (2). Ainsi, quatre mois après l'avénement d'une

---

(1) *Rien ! Dix-huit années de gouvernement parlementaire*, par M. le comte de Montalivet ; Paris, Lévy, 1864.

(2) Le 30 novembre 1830, le comité des fortifications émit à l'unanimité moins une voix l'avis suivant : 1° que le mur d'octroi actuel soit organisé pour la défense et muni de tours pour assu-

monarchie qui proclamait dans toute l'Europe ses tendances pacifiques, mais qui se montrait décidée à repousser sans faiblesse toute atteinte à sa dignité, la construction des fortifications de Paris était résolue en principe. Le maréchal Soult faisait commencer aussitôt à Noisy-le-Sec un camp retranché qui devait être appuyé sur la Marne à Nogent et sur la Seine à Saint-Denis. Certains travaux de défense couvraient cette dernière ville ; malheureusement le défaut d'argent ne permit pas de les pousser avec l'activité nécessaire.

Près de 2 millions furent consacrés en 1831 à la défense de Paris ; une somme semblable fut affectée à ce service en 1832. Ce n'était pas ainsi que pouvait être achevée une telle œuvre. Les querelles de systèmes et le besoin d'économie élevaient sans cesse de nouveaux obstacles au vote des Chambres. Deux plans divisaient les meilleurs esprits : tandis que le général Valazé soutenait la nécessité d'une enceinte bastionnée, le général Bernard lui préférait une série de forts détachés. Le comité des fortifications, consulté par le maréchal Soult, se montra favorable aux forts détachés, se contentant du mur d'octroi pour toute protection contre une surprise (25 octobre 1832).

En 1833, la question se posa de nouveau. Le ministère du 11 octobre 1832, fidèle à la pensée qui n'avait cessé de guider le gouvernement du roi, proposa d'affecter 2 millions 1/2 à la construction des fortifications de Paris. Quoique prévenue par les débats de l'année précédente, la Chambre se montra peu disposée à se lancer, par le vote d'un simple article du budget, dans une entreprise gigantesque qui méritait au moins un examen spécial. Le maréchal Soult aurait préféré des votes annuels qui auraient réservé au génie militaire une plus grande liberté d'action ; mais les députés refusèrent de s'engager dans cette voie, et obtinrent du ministère la promesse qu'un projet de loi fournirait l'occasion d'un débat solennel.

---

rer le flanquement de toutes les parties ; 2° qu'on étudie les projets de dix ou onze forts à construire en avant, lesquels forts seront fermés à la gorge et rattachés à l'enceinte actuelle par des communications défensives.

Le gouvernement se garda bien d'ajouter à ce retard de nouveaux délais. La Chambre avait exprimé son vœu le 2 avril. Le lendemain même, M. Thiers, alors ministre du commerce, déposait, au nom du ministre de la guerre malade, un projet de loi qui réclamait l'affectation d'une somme de 35 millions aux travaux de défense de Paris. Le 5 avril, les commissaires étaient nommés. Il ne fallut que peu de jours à la commission pour se mettre d'accord, et dès le 22 le rapporteur lisait à la tribune un travail complet sur la question. La commission s'était montrée favorable au système adopté par le gouvernement, et elle concluait à la construction de forts détachés à 2,000 mètres du vieux mur d'enceinte, fortifié par quelques travaux et capable non de soutenir un siége, mais de résister à un coup de main. La Chambre accueillit ce rapport avec une défiance marquée; la nature et la portée de ce travail immense qui se déroulait devant elle, la perturbation qu'il pouvait apporter dans les habitudes de la capitale, l'effroi de la population parisienne et par-dessus tout, pour les députés de province, le chiffre de la dépense soulevèrent les inquiétudes. L'opinion publique, réagissant sur la chambre, fit retarder indéfiniment une discussion dont par malheur l'opportunité n'était admise que dans les moments de crise belliqueuse. Aussi le gouvernement, qui n'apportait dans cette affaire ni découragement ni faiblesse, vit-il rejeter trois mois plus tard, par une forte majorité, le crédit de 2 millions qu'il avait inscrit au budget de 1834 pour la continuation des travaux. Loin de faire quelque progrès, la question semblait reculer à mesure que la politique pacifique qui inspirait cette œuvre de défense nationale voyait croître son influence en Europe (1). Déplorables tendances des sociétés comme des hommes, qui oublient dans le sein du repos les alarmes de la veille, et se persuadent au milieu de la prospérité qu'ils ne reverront plus jamais les douleurs et la ruine!

Cette contradiction, qui faillit alors perdre le projet,

---

(1) 5 millions environ furent consacrés aux fortifications de Paris dans les trois premières années du gouvernement de juillet: en 1831, 1,973,000 fr.; en 1832, 1,787,000 fr.; en 1833, 373,000 fr. Les terrains achetés avaient coûté 581,000 fr.

ne devait pas se prolonger. Les hasards de la politique, en soulevant quelques années plus tard la question d'Orient, permirent au gouvernement de fixer à propos l'attention publique sur les fortifications de Paris. La France, réveillée du calme dans lequel elle risquait de s'assoupir, vit tout à coup se dresser devant elle la menace d'une coalition européenne. Elle se sentit prête en un instant aux plus grands sacrifices. Les hommes d'État qui dirigeaient sa politique surent lui épargner les chances inconnues de la guerre ; mais la défense de Paris reparut à l'ordre du jour, non plus comme une utopie ruineuse, mais sous la forme d'un projet longuement étudié et préparé avec maturité.

Malgré l'abandon, faute d'argent, des travaux entamés en 1833, le gouvernement n'était pas demeuré inactif. Persuadé que la question renaîtrait tôt ou tard et qu'il était de l'honneur de chaque ministère d'apporter une pierre au monument de la sécurité nationale, le cabinet présidé par M. Thiers avait nommé, le 26 avril 1836, une commission chargée de soumettre à une critique sévère les projets de 1818 et de 1833. Le rapport était terminé depuis le 20 décembre 1839, quand les événements d'Orient forcèrent le ministère à reprendre l'œuvre interrompue.

Les conclusions de ce rapport, rédigé par le général Dode de la Brunerie, méritent d'être citées. « L'application simultanée des deux systèmes étant ainsi arrêtée en principe, la commission a cherché quelles étaient les conditions auxquelles chacun d'eux devait satisfaire. Elle a estimé que l'enceinte continue devait embrasser la plus grande partie des faubourgs et se combiner avec la nouvelle enveloppe que la ville de Paris aurait un grand intérêt à établir pour les comprendre dans son octroi, qu'il était indispensable que le profil de cet enceinte la mît non-seulement à l'abri d'une escalade, mais encore en état de résister à des batteries ennemies qui s'établiraient momentanément entre les forts. La commission a reconnu aussi que les forts détachés étaient destinés à favoriser la défense active. D'après ces diverses considérations, la commission a formulé son avis ainsi qu'il suit : 1º qu'il soit élevé une muraille d'enceinte, flanquée, surmontée d'un chemin de ronde crénelé, enveloppant les plus grandes masses d'habitations des faubourgs extérieurs de Paris, avec fossés là où cette disposition sera nécessaire ; que le tracé de cette muraille embrasse les hauteurs qui dominent la ville, en suivant les directions les plus favorables à la défense, eu égard à la configuration du terrain ; qu'elle soit assez haute pour être à l'abri de l'escalade, et assez épaisse pour ne pouvoir être ouverte qu'avec des batteries de siége ; qu'il soit établi, sur les parties de cette enceinte où le besoin s'en fera sentir, des bastions susceptibles d'être armés d'artillerie pour la flanquer, couvrir de leurs feux ses approches et éclairer, autant que cela sera possible, la gorge des ouvrages extérieurs qui formeront la première ligne de défense ; 2° qu'il soit construit en avant et autour de cette enceinte, notamment à la rive droite de la Seine, sur tous les points les plus favorables à la défense, des ouvrages en état de soutenir un siége. »

II.

Tel était le dernier avis des hommes spéciaux, quand on apprit la signature du traité de Londres. Le duc d'Orléans songea sur-le-champ aux fortifications de Paris. Auprès de lui se trouvait un des hommes les plus compétents de l'arme du génie ; il lui fit part de sa pensée, et lui demanda comment il en concevrait l'exécution. Le commandant de Chabaud-la-Tour, déjà mêlé en 1833 aux premiers travaux, traça tout aussitôt devant le jeune prince les lignes principales du grand système défensif qui devait, suivant lui, entourer Paris. Ce plan fut l'objet d'un mémoire rédigé par M. de Chabaud-la-Tour et soumis quelques jours plus tard par le prince au conseil des ministres. Chaudement appuyé par M. Thiers, qui s'était fait l'infatigable champion d'une idée que l'histoire et son amour pour la patrie lui avaient depuis longtemps inspirée, ce projet fut définitivement adopté, malgré les objections du général Dode de la Brunerie, qui ne tarda pas à s'y rallier sincèrement.

Entre le système qui triomphait et les conclusions de la commission de 1836, il y avait en effet plusieurs différences qu'il importe de noter. La commission avait toujours parlé d'un mur d'enceinte, d'une muraille, entendant élever ainsi une ligne de défense sérieuse, mais nullement, comme le voulait le nouveau plan, une série ininterrompue de bastions avec une escarpe de 10 mètres et des glacis pour en protéger les abords. Il en était de même du fossé qui devait protéger sur toute la ligne le rempart en augmentant les difficultés de l'approche. En un mot, l'enceinte de sûreté devenait une enceinte de siége de premier ordre, devant laquelle l'ennemi devrait ouvrir la terre et dresser des batteries de brèche. Les forts détachés avaient été également l'objet des hésitations des membres du comité du génie, qui parlaient d'en établir *notamment sur la rive droite*, ce qui impliquait un délai pour les forts de la rive gauche. On admit dans le nouveau projet la construction immédiate des forts tout autour de l'enceinte.

Ces deux changements au projet du général Dode furent décidés par le conseil des ministres, et, dès les premiers jours de septembre, le génie, mis en possession de terrains acquis à l'amiable, entreprenait, sous la responsabilité du cabinet qui les avait prescrits, cette série de grands travaux qui excitaient alors plus de surprise que d'admiration. La France apprit par une note insérée au *Moniteur* du 13 septembre 1840 le commencement de cette gigantesque entreprise. Diverses ordonnances rendues le 10 septembre, les 4 et 25 octobre, avaient ouvert au ministre de la guerre un crédit de 13 millions affectés à cet objet.

L'opinion publique, justement alarmée de la tournure qu'avaient prise les affaires d'Orient, comprit que cette mesure satisfaisait la dignité blessée de la France. Aussi la nécessité de défendre Paris était-elle généralement reconnue quand le cabinet de M. Thiers fit place au ministère du 29 octobre, présidé par le maréchal Soult. Bien que sa politique fût différente, celui-ci accueillit le projet comme un héritage que l'honneur commandait d'accepter. Dès le 12 décembre, il était en mesure de présenter à la Chambre des députés le projet de loi, et le 13 janvier 1841 M. Thiers, choisi par la commission comme son organe naturel, déposait le beau rapport auquel nous avons fait divers emprunts, et qui était appelé à déterminer le sentiment des chambres.

La discussion générale, ouverte le 21 janvier, fut close le 26. Dès le début, toutes les attaques qui pouvaient être dirigées contre la pensée du gouvernement se retrouvèrent dans la bouche de M. de Lamartine, qui sut revêtir du plus admirable langage une série de sophismes indignes de son talent. A relire ce style de feu, on se sent tour à tour séduit et attristé ; c'est bien le grand orateur aux images poétiques, mais on y devine déjà je ne sais quels entraînements avant-coureurs d'autres faiblesses, et l'on entrevoit un esprit prêt à tout sacrifier aux séductions de la popularité. Après Lamartine, M. Garnier-Pagès se montra l'adversaire le plus vif des fortifications. Enfin M. Béchard, au nom des légitimistes autant que comme défenseur personnel de la décentralisation, s'éleva contre les dangers d'une mesure qui renfermerait dans Paris le sort de l'indépendance nationale. Le maréchal Soult avait dans toute cette affaire une position qui n'était pas exempt d'embarras. Arrivé au ministère depuis quelques semaines, il avait trouvé les plans arrêtés et les travaux entrepris, Il se serait contenté d'un camp retranché sous Paris, mais le ministère précédent lui avait légué davantage. Il accepta la responsabilité du nouveau projet, non sans laisser entendre ses préférences, et en corrigeant cet aveu imprudent par ce mot souvent répété, « qu'il aurait tort de se plaindre, puisqu'en réalité on avait doublé la dot. »

Tout l'intérêt de la discussion générale se concentra sur l'influence que cette entreprise allait exercer au point de vue des relations de la France avec les Etats du continent. Le gouvernement qui présentait la loi et les députés qui la soutenaient se mettaient sans cesse en présence d'une guerre européenne, d'une coalition menaçante, d'armées victorieuses franchissant la ligne de nos frontières. Ce raisonnement, répliquait-on, n'est plus de notre temps. Il convient aux esprits brouillons et aventureux qui sont prêts à bouleverser le monde au gré de leurs passions ou de leurs caprices ; mais l'ère des longues luttes est fermée. S'il est un moyen assuré de la rouvrir et de faire couler en Europe des flots de sang, c'est d'adopter cette politique turbulente qui commence par des armements de toute sorte, entoure Paris de remparts, et se prépare à soutenir ainsi les luttes qu'elle aura suscitées.

Ce fut à M. Guizot que revint naturellement l'honneur de réfuter ces soupçons et de désavouer la politique de provocation qu'on lui prêtait. Il rassura la chambre et lui démontra qu'il ne s'agissait pas d'entraîner le gouvernement dans des menées belliqueuses contraires à « cette politique de paix, de civilisation tranquille et régulière » que les partisans du nouveau ministère avaient toujours proclamée et appuyée. Les antécédents de la question en étaient la preuve la plus manifeste. C'est au moment où la France épuisée par deux invasions se relevait de ses ruines qu'au sein d'une paix profonde, non comme une menace, mais comme une défense, l'illustre maréchal qui avait assumé la charge de réparer nos désastres avait eu la hardiesse de reprendre la pensée de Vauban. Il était facile de montrer que, depuis 1830, le gouvernement n'avait pas cessé de soutenir une politique de paix, en dirigeant toujours ses efforts vers la défense nationale.

Cette vérité éclatait de toutes parts : les émotions passagères du traité de Londres ne doivent pas obscurcir à nos yeux le caractère véritable des relations extérieures dans cette longue période de calme que la France a connue entre les deux empires. Sous la Restauration, l'immobilité pouvait être encore une suite douloureuse de l'épuisement général; mais un élan national avait fait naître le gouvernement de juillet comme une revanche et non comme un défi; sa première mission était d'accroître l'armée et de parler à l'Europe un langage à la fois noble et pacifique. Nous avons perdu depuis quelques années la notion de ces conduites prudentes où la franchise des déclarations recouvre les intentions les plus loyales. Le droit et l'honnêteté publics sont à refaire. On voulait alors une longue et profonde paix, on savait la rendre digne et fière. On arrêtait les menaces de l'Autriche en occupant Ancône ; on fondait malgré la Prusse, en présence de l'Europe étonnée, le royaume de Belgique, aujourd'hui le dernier et bien précieux vestige de cette politique prudente qui entourait nos frontières d'une ceinture d'Etats constitutionnels créés à l'image de nos institutions et capables au jour du péril de nous couvrir de leur neutralité persistante.

En 1840, le souffle de cette politique de paix avait parcouru l'Europe. La confédération germanique, créée pour la défense, couvrait ses frontières du Rhin d'obstacles qui n'avaient rien d'agressif. Toute la politique allemande était dirigée vers ce but. L'Europe assistait à une réaction puissante contre la folie des invasions. Le gouvernement ne faisait que consacrer la politique qui, grâce à lui, prévalait sur tout le continent.

En résumé, les fortifications de Paris accrurent la force de la France en montrant qu'aucun sacrifice ne lui coûtait pour sa défense : elles achevèrent de fermer les blessures ouvertes par deux invasions, et relevèrent par l'immensité de l'effort le prestige de l'honneur national. Parmi les députés qui votèrent avec le plus de conviction cette grande mesure, combien en était-il qui en attendissent un plus grave résultat ? Les guerres que leur pensée pouvait raisonnablement entrevoir n'étaient pas de celles qui renouvellent à un demi-siècle de distance les désastres inouïs du premier empire. Ils se trompaient, hélas ! s'ils pensaient que les seuls périls viennent de l'ambition et des passions belliqueuses. La mauvaise politique peut amener les mêmes maux. Pour se borner aux luttes restreintes que la civilisation impose, la sagesse eût été nécessaire au pilote qui devait diriger seul nos destinées. Il fallait respecter le repos et l'indépendance des autres Etats ; il fallait éviter une politique de provocation et de menaces incessantes réveillant les nationalités sans les satisfaire, bouleversant l'équilibre de l'Europe, proclamant un droit nouveau sans en indiquer les bases ni les limites, fuyant le grand jour des débats publics, mettant nos soldats au service des plus basses intrigues, nouant des relations avec tous les ambitieux, substituant en un mot la corruption à la politique et les conspirations à la diplomatie. Une telle conduite longtemps pratiquée pouvait seule altérer la bonne foi de l'Europe, encore plus troublée que son équilibre. Il a fallu que toutes les fautes fussent commises à la fois pour que les remparts de Paris vissent le feu des lignes prussiennes. Si les hommes d'Etat de 1841 avaient eu cette vision sinistre, leur détermination prévoyante n'eût pas été plus résolue. Ils avaient l'intime conviction qu'ils servaient la France en consolidant sa politique extérieure.

Au terme de ce débat, il était évident pour les plus aveugles que la nécessité de fortifier Paris s'imposait à une politique prévoyante. Les partis extrêmes pouvaient le nier, mais les esprits sages étaient tous d'accord. Après six jours de luttes oratoires, M. Thiers résuma la discussion générale dans un de ces vastes discours qui embrassent l'ensemble des questions, sans négliger aucun des détails techniques.

Le système à suivre était le seul terrain sur lequel la lutte demeurât possible. C'est là que s'engagea le débat dans la discussion des articles.

D'un côté, le général Schneider, reprenant la pensée intime du maréchal Soult, se contentait des forts détachés en maintenant comme seule enceinte continue le mur d'octroi; de l'autre, M. Arago et l'extrême gauche défendaient l'enceinte continue en repoussant les forts, qui avaient à leurs yeux le caractère d'un instrument d'oppression intérieure. Au milieu des luttes de ces divers systèmes, on entendit successivement les hommes de guerre les plus éminents fortifier de leur adhésion le projet qui s'exécutait depuis le mois de septembre. Le maréchal Sébastiani et le général Bugeaud apportèrent à la chambre le poids de leur expérience, pendant que M. de Chabaud-la-Tour, passant des chantiers de construction à la tribune, venait expliquer l'économie du projet. Il fallut cet accord pour faire échouer l'amendement du général Schneider. Pour l'honneur des hommes d'Etat parlementaires, tous sentirent que cette mesure ne devait pas être le triomphe d'un parti, qu'elle devait sortir de l'alliance des chefs et du vote presque unanime des soldats. « Je serais profondément fâché, disait M. Guizot, qu'une mesure semblable fût une victoire des uns sur les autres. Il faut pour son efficacité qu'elle soit au-dessus de nous tous (1). » Le

____

(1) Discours du 25 janvier 1841.

30 janvier, le projet fut adopté dans les termes proposés par la commission à une majorité de 75 voix. Ainsi la chambre consacrait 140 millions à l'exécution simultanée des forts et de l'enceinte bastionnée.

L'énormité de cette dépense avait attiré les plus vives préoccupations. Ce n'est point ici le lieu de débattre les questions de chiffre. Toutes graves qu'elles soient, ces discussions n'intéressent guère que les contemporains. Elles occupèrent une large place dans les discours. L'opposition assurait qu'on allait dépenser 500 millions ; selon les plus défiants, un milliard ne devait pas suffire à l'entreprise ; en tout cas, un emprunt était nécessaire, et le devis ne pouvait soutenir un examen sérieux.

La construction des fortifications fut remise aux mains les plus expérimentées. Le général Dode de la Brunerie, qui devait y trouver son bâton de maréchal, avait la haute direction des travaux que suivait avec un soin minutieux M. le duc d'Orléans. Le général Vaillant était chargé plus spécialement des détails de cette grande œuvre, qui doit faire, avec le siége de Rome, l'honneur de son nom. Parmi les officiers du génie associés à l'exécution de ce plan se trouvaient le commandant Niel et le commandant de Chabaud-la-Tour qui, après avoir dressé les premiers projets, devait avoir, trente années plus tard, l'insigne honneur de diriger la défense de ces remparts qu'il contribuait à élever. C'est sous cette impulsion aussi vigoureuse qu'intelligente que fut construite une série d'ouvrages qui fait l'admiration des hommes de guerre, et qui frappe le regard des moins compétents par la grandeur des lignes et la majesté de l'ensemble.

Six ans après la discussion, l'œuvre était achevée, et, loin d'avoir dépassé les chiffres annoncés aux chambres, le génie militaire, poursuivant avec une scrupuleuse économie ce beau travail, put construire avec les 140 millions votés le fort d'Aubervilliers et l'annexe de Vincennes, qui n'avaient pas été prévus dans les projets primitifs. Cette exactitude, sans exemple dans les travaux civils, confondit l'opposition : elle ne fait pas seulement l'éloge des hommes ; elle est à l'honneur du temps qui a vu élever sans hâte comme sans retard, au milieu de la paix la plus profonde, ces murailles qui après leur achèvement ne devaient plus rencontrer de détracteurs.

III

La discussion parlementaire n'était pas terminée par l'adhésion des représentants des provinces. Il restait à obtenir l'assentiment de la chambre des pairs. Cette dernière épreuve était loin d'être banale. On a vu d'autres assemblées auxquelles avaient été promises à leur origine toutes les illustrations d'un pays présenter à quelques jours de distance, au milieu de l'indifférence publique, le pâle reflet des discussions soutenues dans une autre enceinte. Ce spectacle a fait oublier la puissance et l'utilité d'une chambre haute dans le mécanisme des gouvernements libres. C'est là un des vices particuliers aux pouvoirs despotiques; ils gâtent pour longtemps les instruments dont ils se servent : en forçant les ressorts, ils faussent tous les organes du mouvement. De longues années seront sans doute nécessaires pour que l'exemple des États-Unis et de l'Angleterre parvienne à détruire les préventions que dix-huit ans d'effacement politique ont élevées contre l'existence d'une seconde assemblée. Si l'on veut saisir sur le fait le rôle véritable de la Chambre des pairs, il est peu de discussions qui méritent davantage l'étude que celle dont nous nous occupons. Il semblait que tout eût été dit au Palais-Bourbon, et pourtant la seconde délibération exerça une impression profonde sur le sentiment de la France.

Émue par les menaces subites d'une coalition européenne, l'opinion publique se laissait aller aux affirmations des hommes dont elle était habituée à suivre les conseils, mais elle accordait bien plus un vote de confiance patriotique qu'une adhésion spontanée.

Aux attestations si énergiques des chefs de parti, ceux qui hésitaient encore désiraient joindre l'opinion des hommes de guerre et des personnages politiques qui siégeaient côte à côte à la chambre des pairs. Aucune de ces voix ne demeura silencieuse. La France apprit bientôt que, sur le principe même des fortifications à élever autour de sa capitale, une entente presque complète s'était établie entre les diverses fractions de l'assemblée. Quelques voix discordantes, entraînées par leur imagination ou par la passion de parti, firent entendre leurs protestations; mais, en réalité, le ministère ne pouvait concevoir de crainte que sur les questions de systèmes. Ces questions furent développées avec une précision qui permit au pays de considérer encore une fois cette grande mesure sous toutes ses faces et de porter un jugement définitif. La chambre consacra neuf séances à cet examen, et elle n'entendit pas moins de trente-quatre orateurs. Toutes les critiques reparurent, mais avec cette élévation qui était le caractère propre aux discussions du Luxembourg ; les défiances elles-mêmes revêtaient une autre forme.

Les adversaires les plus résolus s'en prirent à la pensée même qui avait guidé le gouvernement et la commission : ils n'hésitaient pas à traiter de folie la défense d'une capitale. Passant en revue les villes d'Europe où était établi le gouvernement des états, ils les montraient ouvertes, et soutenaient que les lignes de place situées aux frontières constituaient, avec les défenses naturelles, une protection efficace, la seule qui pût retarder, affaiblir et entraver un ennemi victorieux. C'était non-seulement une entreprise inutile, mais une œuvre éminemment dangereuse : on appelait l'invasion au centre de la France en indiquant à l'ennemi les murs de Paris. On allait convertir en champ de bataille nécessaire une de ces villes où se concentrent les prodiges de l'industrie, les chefs-d'œuvre de l'art, les produits et les lumières de la civilisation.

A la chambre des députés, ce raisonnement, digne de séduire l'imagination d'un poète, avait été combattu par l'expérience consommée d'un historien. Il fut reproduit et réfuté de nouveau à la chambre des pairs. Pouvait-on nier que Napoléon n'eût changé l'art de la guerre ? Désormais, les mouvements rapides d'une armée en campagne déjouaient les lents calculs et les efforts prolongés des anciens généraux. La nouvelle tactique voulait courir au but, frapper au cœur et porter les troupes à marches forcées vers le centre de l'empire, au point où la puissance réside et d'où part le commandement.

Plus le pouvoir est centralisé, plus il est indispensable de diriger ses coups vers ce principe de l'activité sociale. C'est un fait que l'histoire démontre et qu'avant elle le bon sens suffit à enseigner. Ce qui est vrai pour tous les centres d'empire est plus juste encore pour Paris, que sa situation géographique désignait comme la capitale nécessaire de notre territoire, et qui se trouve exposé aux invasions ennemies par le rapprochement de la frontière et par la direction des vallées, qui semblent faites pour amener l'étranger vers ses murs. Toute aggression sérieuse devait donc avoir Paris pour but ; d'ailleurs il faut toujours que la défense aussi bien que l'attaque soient portées au point le plus important du pays. C'est là que se décide le sort des empires. « Non assurément, disait éloquemment le duc de Broglie après avoir énuméré les longs siéges et les marches lentes du XVIIIe siècle, non assurément l'art de la guerre n'en est plus là de nos jours. Nous avons enseigné à l'Europe les guerres d'invasion, et l'Europe n'a pas oublié nos leçons. Pensez-vous que les choses se passeront comme en 1792 ? qu'après avoir franchi nos frontières, les armées alliées s'arrêteront devant une poignée de braves retranchés dans les défilés de l'Argonne, ou se retireront au bruit d'une canonnade de Valmy ? Non encore ; l'exemple de 1814 et de 1815 parle trop haut pour cela ; ce qui leur a réussi en 1814 et 1815, ils le tenteront de nouveau ; ils masqueront avec des corps détachés les places fortes de notre frontière, faites ou à faire, celles que nous possédons déjà et celles que nous méditons en ce moment ; le gros de leur armée marchera droit sur Paris, bien certains, s'ils y parviennent, d'y trouver cette fois les clefs de Metz et de Strasbourg, comme ils ont trouvé celles de Landau, sans avoir besoin de les aller chercher sur la brèche ; bien certains d'y trouver avec Strasbourg l'Alsace, avec Metz la Lorraine, et de n'y laisser, en se retirant, qu'un fantôme de gouvernement dont ils disposeront à leur gré. Le mal indique le remède. Mettez Paris en état de défense, mettez Paris dans un état de défense sérieux, formidable ; que Paris ne puisse être réduit qu'à la suite d'un siége en règle ; que l'entreprise d'assiéger Paris soit une entreprise énorme, gigantesque, et à l'instant la scène change (1). »

---

(1) *Moniteur* du 25 mars 1841.

Ainsi le regard de l'homme d'Etat perçait l'avenir avec une merveilleuse lucidité, il ne croyait pas que le drapeau de l'indépendance nationale pût demeurer debout, s'il était condamné à errer de ville en ville, chassé par l'invasion ; il voulait que le cœur du royaume fût recouvert d'une cuirasse pour que le sang continuât de circuler dans toutes ses parties. Dans le même sens, d'autres orateurs faisaient appel aux enseignements du passé et montraient par les exemples les plus mémorables de quel invincible abattement est envahie une nation qui voit le siége de son gouvernement au pouvoir de l'étranger. La défense des capitales était donc imposée à la fois par la politique et par l'histoire.

Mais ce qui dominait dans l'esprit des députés, c'était le sentiment national surexcité par la défiance de l'Europe. On raconte qu'un jour un officier du génie qui avait contribué à la construction des défenses de Paris, et qui devait s'illustrer sur les champs de bataille de la Lombardie, recevant M. Thiers et lord Palmerston à la porte de la citadelle du Mont-Valérien, les accueillit en leur disant qu'il était heureux de montrer la forteresse aux deux hommes qui avaient le plus contribué aux fortifications de Paris. En rapprochant ces deux noms avec quelque malice, le commandant Niel exprimait l'opinion générale, car sans les inquiétudes de 1840 la France se fût difficilement prêtée à la construction des fortifications.

Grâce à ces complications passagères, nous possédons aujourd'hui une double ligne de défense dont les discussions parlementaires ont démontré la force. A la chambre des pairs, la discussion stratégique fut très-sérieuse. Les députés avaient repoussé l'amendement du général Schneider ; la commission nommée par la chambre des pairs le reprit à une voix de majorité, et le baron Mounier, chargé de rédiger le rapport, défendit énergiquement ce système, qui réduisait l'enceinte continue à un simple mur de sûreté. C'eût été le bouleversement du projet ministériel. Heureusement, dès les premières séances, l'impression de la chambre fut modifiée : aux critiques jalouses de certains militaires, le maréchal Molitor opposa sa vieille expérience, et le général Dode un récit exact des travaux préparatoires.

La discussion montra l'excellence du projet, qui était

admirablement préparé pour ramener les opinions les plus
diverses. Né d'une conciliation entre deux plans dont
la valeur s'était ainsi doublée, il ne pouvait déplaire
qu'aux esprits obstinés qui mettaient leur confiance en
un seul système à l'exclusion de tout autre. Les partisans de bonne foi de l'un ou l'autre projet étaient con-
traints de reconnaître que dans l'adjonction du système
opposé se trouvait un complément utile à leurs idées.
Pouvait-on nier sérieusement, quand on soutenait l'utilité des forts, que l'enceinte bastionnée ne fût une garantie de plus? Au point de vue stratégique, les défenseurs de l'enceinte continue pouvaient-ils affirmer que
les forts, protégeant le rempart dans un rayon de 2,000
mètres, fussent une défense superflue? La combinaison
adoptée par le gouvernement réduisait donc à des pro-
portions insignifiantes la discussion technique.

Dans de telles conditions, un siége semblait impossible;
on démontrait, par des calculs dont l'exactitude n'était pas
douteuse, que chacun des forts présentait le même pouvoir de résistance que la citadelle d'Anvers. Cette série
d'ouvrages, en protégeant la place, étendait démesuré-
ment la ligne d'investissement. On fixait à 22 lieues le
développement que devaient présenter les troupes assié-
geantes qui voudraient bloquer Paris. Comment croire
qu'une armée, quelle que fût sa force, pût relier ses
différents corps sur une telle étendue? Comment ima-
giner surtout qu'elle pût se maintenir tout en tenant
tête à une armée de secours opérant sur ses derrières ?
Aucun homme compétent ne le soutint à la chambre
des pairs.

Dès que le débat contradictoire eut éclairé la véritable
nature du problème, la lumière se fit, et le triomphe
du projet ne demeura douteux pour personne. La discussion se prolongea plusieurs jours. M. le duc de Broglie prononça le discours le plus complet que la chambre des pairs eût entendu, répondant à toutes les critiques avec une profondeur admirable. Cet ensemble de
prévisions semble fait pour nos malheurs. Dieu veuille
que les espérances entrevues par la perspicacité de
l'homme d'Etat se réalisent, et qu'elles justifient sa
confiance dans l'œuvre qu'il conviait ses collègues à
voter ! Les principaux membres du ministère prirent
part à la lutte : ni les efforts sincères du maréchal

Soult, qui voyait la fortune du cabinet attachée au triomphe du nouveau système, ni le langage pacifique et fier de M. Guizot, ni la parole éloquente et ferme de M. Duchâtel, ne manquèrent à la loi, qui sortit sans une seule atteinte de cette dernière épreuve (1).

Au dehors, l'opposition se calmait de jour en jour. Il devenait de plus en plus évident que les forts ne pouvaient être dirigés contre la population parisienne. Le sentiment patriotique du gouvernement était moins calomnié; on comprenait qu'il y avait là une entreprise digne de la France. Du fond de sa retraite de Lorraine, le général Drouot, adhérant au projet, offrait au besoin sa fortune pour l'exécuter. Dans toutes les cours, les représentants de la France suivaient avec émotion les impressions des cabinets et des hommes de guerre: nulle part on ne demeurait indifférent, et ce travail, qu'on avait longtemps jugé impossible, devint l'objet de l'attention universelle, quand on put se convaincre que l'entreprise serait menée à bonne fin. Tous les militaires s'accordaient à penser que la ville devenait imprenable. Cette opinion, qui réunissait la presque unanimité des officiers, rencontrait au-delà de nos frontières un précieux assentiment. Le comte Bresson arrivait de Berlin pour rapporter à la chambre des pairs combien était grande la valeur attribuée à nos projets par les généraux prussiens. Le duc de Wellington disait à M. Guizot que les fortifications de Paris avaient rendu un grand service à l'ordre européen. Enfin, l'écho de cette opinion générale sur le continent est encore arrivé récemment jusqu'à nous. Un écrit émané d'un officier de l'état-major prussien nous expliquait, il y a dix ans, avec une audacieuse franchise, la tactique que suivrait une invasion allemande. Il nous montrait les armées envahissantes poussant leur marche victorieuse du Rhin à la Seine; puis, arrivé là, il s'arrêtait et

---

(1) Nous laissons de côté plusieurs débats qui s'élevèrent par la suite, entre autres celui de 1844 soulevé par des pétitions demandant la démolition des forts détachés. Echo passionné des débats de 1841. Cette discussion ne servit qu'à faire repasser devant l'opinion publique une série d'attaques surannées auxquelles la chambre ne s'arrêta point. Les défenseurs des fortifications ne laissèrent pas échapper cette occasion d'expliquer leur œuvre et de confondre les attaques dont elle avait été l'objet. Voyez les *Moniteurs* des 25 février, 3 et 9 mars 1844.

ajoutait avec une inquiétude mal dissimulée : « Pourront-elles jamais briser la résistance qu'on leur opposera dans l'attaque de ces immenses camps retranchés dont le siége sera au moins aussi pénible que celui de Sébastopol?... Des secours de toute nature pourront être dirigés de l'intérieur sur la capitale, et, à moins d'une écrasante supériorité du nombre, il paraît presque impossible de s'en emparer par la force des armes et de se rendre ainsi maître de la France. Paris ne sera jamais en notre pouvoir, à moins que des circonstances politiques ou des raisons d'un ordre moral n'obligent les défenseurs à nous en ouvrir les portes (1). »

L'état-major prussien avait raison : c'est aux forts et aux murailles qu'il appartient en ce moment de défendre la France. Souvenons-nous en combattant de ceux qui jadis ont pensé à nous préparer de telles armes. C'étaient de vrais patriotes auxquels l'histoire doit réserver une grande place, car c'est à eux que nous devons les seules forces qui nous protégent dans notre détresse : la Belgique, qui a mis nos villes du Nord à l'abri du premier flot de l'invasion, et les remparts de Paris, qui peuvent sauver la France.

Ainsi le gouvernement parlementaire, qu'un ministre de l'empire accusait publiquement de n'avoir « rien produit, » avait préparé de loin à la France les armes qui peuvent la relever de la ruine. Le gouvernement que défendait alors M. Rouher laissait au contraire dans l'oubli cette force dont son imprévoyance devait faire notre dernier espoir. Malgré cet impardonnable abandon, les fortifications sont en mesure de nous venger. Cependant personne n'ignore que la portée des canons est tout autre aujourd'hui. La moindre prévision du gouvernement impérial aurait permis au génie militaire, dont les souhaits étaient depuis longtemps stériles, de multiplier les forts détachés et d'occuper ces hauteurs qui sont couronnées aujourd'hui par les batteries ennemies. C'est encore une des fautes dont le gouvernement déchu est responsable. Un travail ordonné dès le milieu d'août par le comité de défense et poussé avec une extrême

<hr>

(1) *Considérations sur les défenses naturelles et artificielles de la France en cas d'une invasion allemande.* Cet écrit, publié à Berlin aussitôt après la campagne d'Italie, au printemps de 1860, n'a été traduit et n'a paru à Paris qu'en 1867.

ardeur avait pour but de les réparer en complétant la fortification à l'aide de plusieurs ouvrages détachés. Ces nouvelles redoutes n'ont pu être achevées partout avant l'investissement; mais ce qui existe peut assurer notre victoire, si les 500,000 hommes qui sont armés dans Paris se montrent dignes de sauver l'indépendance de la patrie et l'unité du territoire. C'est entre leurs mains qu'est remise la cause nationale.

C'est de leur énergie que dépend le salut de Paris, la chute de la France ou son maintien au premier rang. Jamais si lourd fardeau d'honneur n'a pesé sur une ville; jamais une cité n'a été plus sûre de mériter par une résistance de quelques semaines la reconnaissance de la postérité. L'effort doit lui être facile; elle a à sa tête un général jeune et populaire, un ministre dont la parole éloquente fait vibrer nos cœurs; elle trouve dans son sein un accord de toutes les volontés qu'aucune page de nos annales ne nous a encore montré plus complet. A l'heure présente, on sent que l'union est indispensable à la victoire, que toutes les traces de division doivent disparaître. C'est, en effet, la condition absolue sans laquelle aucun succès ne peut être espéré dans une capitale assiégée.

Pour les députés de 1841, il y avait là tout un ordre de considérations qu'on peut appeler le problème moral de la défense. Les auteurs des fortifications de Paris s'en étaient vivement préoccupés. Nous avons vu comment on avait persuadé à l'Europe que la France accomplissait une œuvre de paix, comment on avait rallié les hommes de guerre et calmé les alarmes des hommes de finance; il nous reste à dire de quels raisonnements on se servit pour convaincre le pays que Paris pourrait se défendre. Sur ce point, l'opinion publique dans les départements, aussi bien que dans la capitale, ne cachait pas ses inquiétudes. Les adversaires de la loi, sentant que ces alarmes étaient leur seul appui, cherchèrent à les exploiter : aussi tenaient-ils à ramener vers la politique intérieure l'attention des chambres. Ils étaient divisés en deux groupes distincts. Les légitimistes et, auprès d'eux, quelques amis convaincus du gouvernement de juillet qui s'effrayaient de la centralisation, faisaient ensemble une campagne ardente contre le principe même du projet.

Décidés à faire bon accueil à tous les amendements dirigés contre la loi, ils s'efforçaient très-sincèrement de
persuader aux députés des départements que les fortifications auraient pour effet d'exagérer tous les maux
que produit depuis longtemps la force excessive de Paris. Jusque-là, suivant eux, « les provinces pouvaient
au moins se dire qu'au jour où la France serait menacée, elles retrouveraient les avantages dont notre
système administratif les avait dépouillées, et qu'elles
reconquerraient par leur courage et par leur importance militaire les prérogatives dont elles avaient été
successivement dépouillées. Les fortifications devaient
leur enlever ce dernier espoir par l'importance exagérée
qu'elles attribuaient à la défense de Paris. »

Chacun sait quel démenti les événements se chargent de
donner à cette prédiction au moment même où nous re-
traçons ces débats. Sans la résistance de la capitale, quel
eût été le sort des débris épars de nos armées recevant
aux extrémités du territoire la nouvelle de la catastro-
phe de Sedan ? Sans lien et sans chef, sans organisa-
tion et sans moyens de défense, nos bandes dispersées
auraient été impuissantes, et l'énergie des départements soulevés se serait brisée devant l'impossibilité
de profiter à temps de l'élan de la France. Si la province se lève, comme on le sait, pour participer à la
délivrance nationale, elle devra aussi se souvenir avec
reconnaissance des fortifications de Paris, sans lesquelles ses forces eussent été vaines et son ardeur
inutile. En 1840, on ne pouvait répondre à cet
ordre de critiques que par l'expression d'une conviction profonde. Personne ne lui donna une for-
mule plus prophétique que M. de Rémusat, décla-
rant que, « Paris fortifié, les provinces seraient glorieu-
sement condamnées à défendre aussi la France. »

Des malheurs les plus grands peuvent sortir des bien-
faits inattendus. La centralisation avait fait déserter les
campagnes et affaibli l'initiative des villes ; elle avait
créé contre Paris une défiance envieuse, en revanche
Paris ressentait trop aisément un dédain injurieux pour
les habitants des provinces. De la guerre de 1870
pourra dater une ère de paix et d'estime mutuelle. Si
Paris résiste, il le doit bien un peu à l'élan de la province, déjà représentée dans ses murs par sa vaillante

garde mobile. Si la province sauve la France, elle en devra les moyens à la résistance de Paris. Ainsi, loin d'établir l'oppression de la capitale, la guerre aura mis le sceau à l'union indispensable de toutes les parties de notre territoire.

A l'extrémité opposée de la chambre, les adversaires de la loi se bornaient à diriger leurs attaques contre le système adopté; sous la plume des écrivains de l'opposition avancée, les forts étaient devenus un épouvantail qui avait semé la terreur dans certaines parties de la population (1). En 1833, quelques légions de la garde nationale avaient fait écho à la foule en criant : *A bas les forts détachés* ! Depuis cette époque, on n'avait pas cessé de les représenter comme des citadelles propres à étouffer les libertés publiques. Ces préventions s'étaient ranimées en 1841, et elles avaient trouvé jusque dans la chambre des organes pour en faire un texte d'accusation contre le ministère. Il faut relire ce qui se disait sérieusement alors pour avoir une idée des entraînements de la passion. « Au lieu d'une bastille anéantie par la révolution, on osait en reconstruire toute une série pour bombarder Paris... C'était l'instrument le plus odieux de la tyrannie... Investir la capitale d'un pays libre avec de telles redoutes, il y aurait là plus que de l'imprudence, il y aurait une trahison à la liberté. »

Pendant que les députés entendaient ces déclamations enflammées, et que la patience des orateurs s'épuisait contre des sophismes tellement dénués de fondement et de raison qu'ils ne pouvaient supporter la discussion, une partie de l'opinion commençait à s'émouvoir. Même dans les temps agités, il existe à Paris des couches dans lesquelles ne pénètrent point les débats politiques. Etrangers par leur profession, leur goût, leur indifférence aux préoccupations extérieures, beaucoup d'hommes attendent, pour juger une question, qu'elle menace leur intérêt ou leur repos. L'opposition s'était ingéniée à réveiller leur torpeur en menaçant Paris de la transformation la plus effrayante. Placée par

---

(1) Voyez entre autres un article de la *Tribune. Moniteur* du 3 avril 1833, p. 932.

sa défense même sous le coup d'un siége, la capitale allait perdre en un instant tout ce qui faisait sa richesse et son charme. Plus d'industrie possible dans une place de guerre, plus d'entreprises commerciales dans une ville menacée de voir ses communications coupées, plus d'édifices somptueux, plus d'arts dans une cité qu'un bombardement pouvait anéantir. Puis, les têtes s'échauffant, on disait que la loi allait étouffer dans Paris le règne naissant de l'intelligence, que c'était un coup d'État contre l'esprit. On vit alors une coalition de tous les hommes qui se laissent emporter exclusivement par l'imagination ; orateurs et savants, poëtes et romanciers, tous ceux chez qui le bon sens ne maintenait pas dans un juste équilibre l'essor de la pensée, pleuraient d'avance sur les ruines de Paris en accusant les hommes d'État de démence.

Comme ces hommes d'esprit se trompaient étrangement ! Dans leur trouble puéril, ils ne voyaient que les légèretés de Paris, et ils n'apercevaient pas l'âme vivante de la patrie. En cela, beaucoup d'orateurs les imitèrent. Ils affirmaient que Paris ne pourrait se défendre ; cachant sous des raisonnements subtils les terreurs d'une âme faible, ils rappelaient que le caractère français, prompt à l'attaque, est peu disposé aux longues résistances. Enfin, étendant leur découragement à toutes les grandes villes, ils soutenaient, comme naguère encore les journaux de Londres, qu'une agglomération d'un million d'âmes n'était pas capable de résister. Sans nouvelles de l'Europe, sans correspondances du dehors, Paris verrait son courage s'abattre et sa volonté s'amollir, car chacun savait que l'énergie morale décroissait en raison du nombre. Il n'y avait là, selon eux, qu'une vaine démonstration sans portée comme sans excuse.

Aux protestations du patriotisme blessé par ce langage, M. Thiers venait ajouter ses plus énergiques affirmations. « Je suis convaincu, disait-il, que tout grand peuple, quand son gouvernement lui donne l'exemple, se défend, que les masses d'hommes bien conduites ne sont jamais lâches, qu'il n'y a de lâches que les chefs, quand ils se retirent. Je sais qu'il y a des esprits forts qui veulent faire le monde à leur image, qui ne voudraient pas se défendre, et qui disent que Paris ne se défendrait pas. Je m'adresse à l'histoire, à l'humanité tout entière : il n'y a pas de peuple qui, lorsqu'un grand chef, avec un grand caractère, lui a donné l'exemple, ne l'ait pas suivi. Je suis convaincu que Paris se défendrait... Bien plus, je suis convaincu que, quand même nous le voudrions, nous n'empêcherions point Paris de se défendre. »

M. Thiers avait bien jugé la capitale. Depuis trente années, Paris a eu toutes les faiblesses, il a traversé des jours de folie, il a connu l'exaltation et l'abattement. Les murailles qu'on élevait en 1840 ont vu passer des monarchies, acclamer des princes, naître des républiques ; dans cette enceinte fortifiée, au milieu d'un calme plus funeste aux mœurs que toutes les agitations, se sont développés les molles jouissances et ce besoin de luxe qui marque le déclin des sociétés. De toutes les parties du monde, la foule est accourue vers Paris pour y boire à la coupe des plaisirs, et il s'est trouvé des hommes pour s'applaudir d'un si honteux hommage. Qui aurait dit alors que la capitale contenait en elle-même de vrais citoyens ? Nous nous doutions bien qu'elle valait mieux que sa mauvaise renommée, mais personne n'aurait osé le proclamer quand elle semblait devenue la ville des fêtes et la patrie de l'insouciance. La Providence lui a permis de se racheter. Elle a montré qu'elle savait être calme sans défaillance et résolue sans forfanterie. Ce que nous espérions dans le secret de notre âme, il faut aujourd'hui le prouver à tous. Déjà nous pouvons jouir de la déception causée à la Prusse ; mais, encore une fois, n'oublions pas que nous devons cette revanche de l'honneur à notre ceinture de murailles, à ces bastilles tant calomniées et aux hommes d'Etat qui n'ont pas craint de se porter, par une prévoyance de génie, les cautions de nos courages.

IMP. CENTRALE DES CHEMINS DE FER.— A. CHAIX ET Cᵒ, RUE BERGÈRE, 20, A PARIS.— 14128 70.

* 9 7 8 2 0 1 3 1 8 3 9 7 0 *